Meine

Bucketlist

FÜR DAS 10. LEBENSJAHR

50 DINGE, DIE ICH MIT 10 ERLEBEN MÖCHTE

KLEBE DAS BILD EIN

Mach ein lustiges Spaß Fotoshooting mit deinen Freunden

Backe einen Kuchen

3

WELCHES SPIEL HAST  KT? WAS WAR DEIN HIGHSCORE?

Knacke de *-Score in deinem* *gsspiel*

Verbringe 24 Stunden ohne Internet, Handy oder Fernsehen

Veranstalte eine DIY Bastel-Nacht

Schreibe eine DIY Handlettering Postkarte an deine beste Freundin

forever in love

Male eine Collage von all deinen Träumen und Zielen

Mache ein Outdoor Picknick

....

....

....

....

9

Springe über deinen Schatten und wage etwas, wovor du dich sonst fürchtest

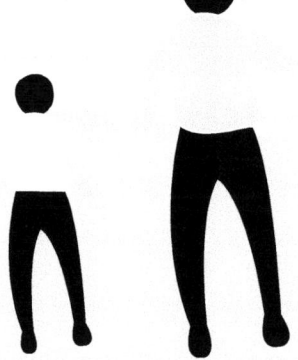

Lerne einen Tanz

WAS HABT IHR GEBACKEN? KLEBE FOTOS VON EUCH BEIM BACKEN EIN!

Mache einen Back-Tag mit deiner aller besten Freundin

Lerne ein Lied auf Instrument zu spielen 12

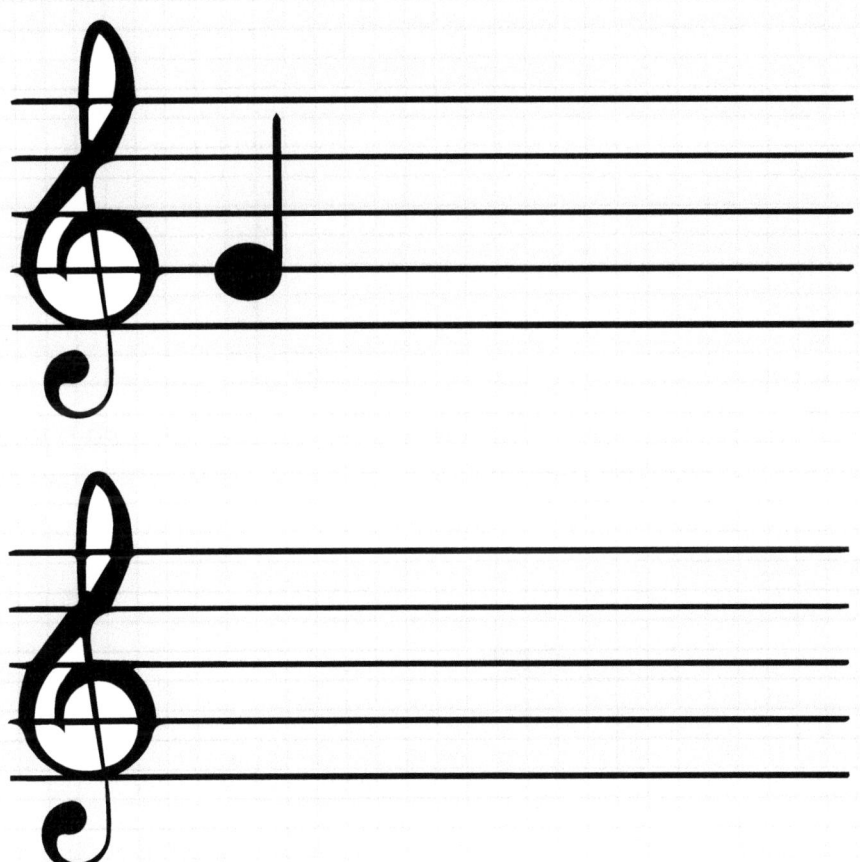

WAS MÖCHTEST DU MIT DEM GELD KAUFEN?
WIE VIEL GELD BRAUCHST DU DAFÜR?

Spare für was großes - Lege jeden Monat 10% deines Taschengeldes beiseite

Starte einen Serien Marathon

MALE DAS MOTIV VON DEINEM PUZZEL HIER REIN

Vollende ein 1000 Wörter Puzzle

Mach ein Sonnenauf- und Sonnenuntergangs Selfie

WELCHES BUCH HAST DU GELESEN? WORUM GEHT ES?

Lies ein ganzes Buch

....

....

....

Reise außerhalb deines Landes

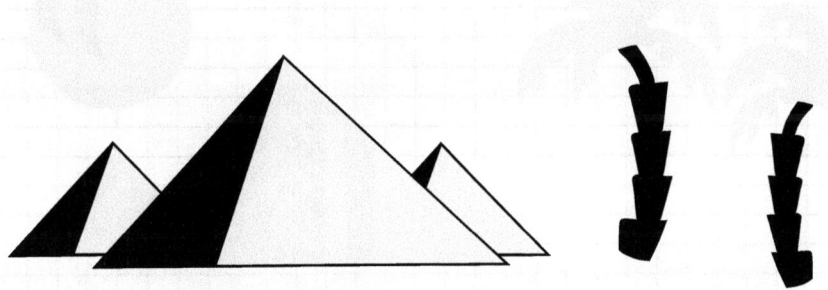

Lerne ein Gericht zu kochen, welches du liebst

Mein Lieblingsgericht

--- - ---- --- --- --- --- --- --- --- --- --- ---

--- - ---- --- --- --- --- --- --- --- --- ---

--- - ---- --- --- --- --- --- --- --- ---

--- - ---- --- --- --- --- --- --- ---

--- - ---- --- --- --- ---

Mache deinen Eltern eine Freude

....

....

....

WAS WAR DEIN ERSTE GERICHT WAS DU MIT STÄBCHEN GEGESSEN HAST?

Lerne, wie man mit Stäbchen isst

Veranstalte einen Filme-Abend mit deinen Freunden

WAS HAST DU GEGESSEN? HAT ES DIR GESCHMECKT?

Probiere ein Gericht, von dem du noch nie gehört hast

Nehme dir einen ganzen Tag nur für dich selber

KLEBE EIN VORHER NACHHER BILD EIN!

Färbe deine Haare mit Haarkreide

HAST DU WELCHE GESEHEN? UND MIT WEM? WIE SAHEN SIE AUS?

Halte eine Nacht Ausschau nach Glühwürmchen unter dem Sternenhimmel

Pflanze etwas in deinem Garten

SAMEN

WELCHEN FILM HABT IHR GESCHAUT? MIT WEM WARST DU DA?

Gehe ins Kino mit deinen Freunden

WO WARST DU? UND MIT WEM? WAS WAR DEINE LIEBLINGSACHTERBAHN?

30

Besuche einen Freizeitpark

MIT WEM WARST DU BOWLEN? WER HAT GEWONNEN?

Gehe gemeinsam mit deinen
Freunden Bowlen

Fordere deine besten Freundinnen zum Mini-Golf spielen heraus

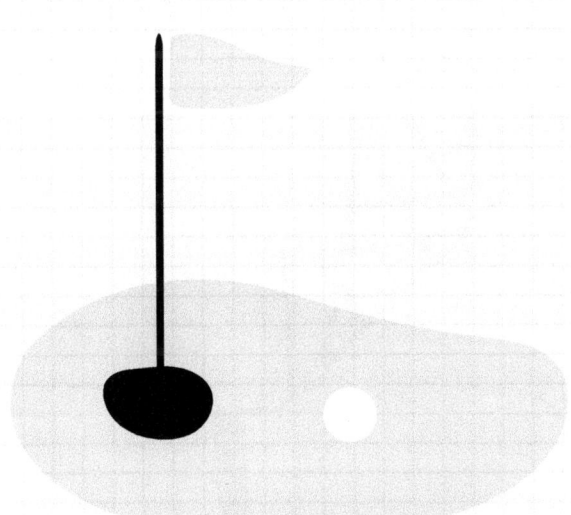

WELCHEN GESCHMACK SOLL DAS EIS HABEN? MALE IHN HIER REIN!

Mache dir dein eigenes Eis

Ein Tag als Pizza Bäcker
Mache mit deiner Familie zusammen Pizza

WIE SOLL ER AUSSEHEN? KLEBE IHN HIER EIN!

Bastel ein Origami

Starte ein Sommertagebuch über die Sommerferien

WIE SEHEN DIE KEKSE AUS? MALE SIE HIER REIN!

Backe Kekse für deine Familie und Freunde

Mache einen Spaziergang mit deiner Familie und genieße die Natur um dich herum

WIE SIEHT DIE AUS? ZEICHNE HIER WIE SIE AUSSIEHT!

Baue eine Sandburg am Strand

Bastel eine Muschelkette mit Muscheln vom Strand

Schaue dir das Ziehen der Wolken an

Lerne eine neue Sportart

WER WAR DABEI?

Habe eine Wasserschlacht mit
Wasserpistolen und Wasserbomben

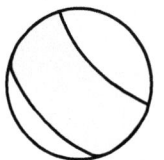

Hilf deiner Mutter beim Kochen
eines Gerichtes

Mein Lieblingsgericht

Leite einen Familien Spieleabend ein

Kreiere ein erfrischendes Limonaden Rezept für den Sommer

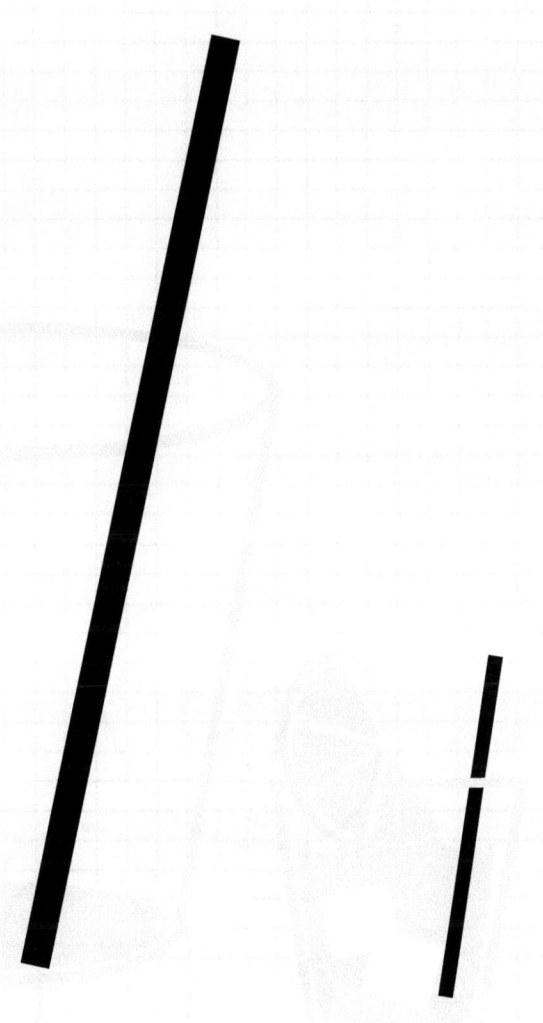

Mach deine eigenen Story Stones / Erzähl Steine

Bastel eine Schmetterling Fütterungs-Station

WELCHE TIERE HAST DU GESEHEN?

Besuche mit deiner Familie
einen Zoo

Fülle eine Zeitkapsel Box am Ende des Jahres
(unter anderem mit diesem Buch) und verstecke diese im Keller oder
vergrabe sie im Garten um es in ein Paar Jahren wieder zu öffnen

Jetzt bist du dran!

Erstelle jetzt deine eigene Bucket List!

53

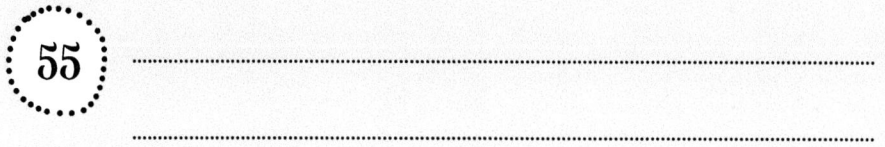

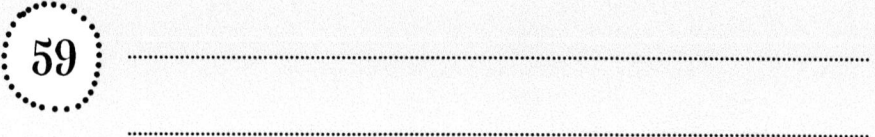

59

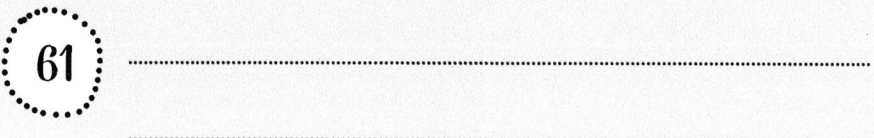

61

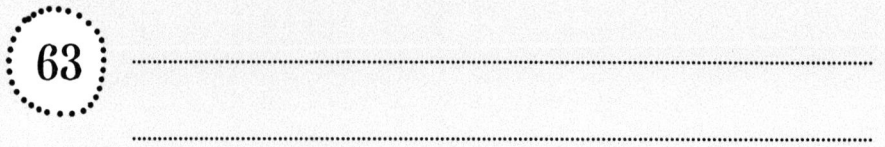

63

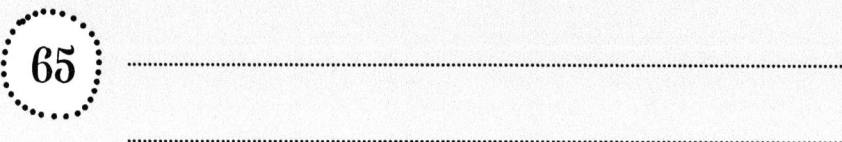

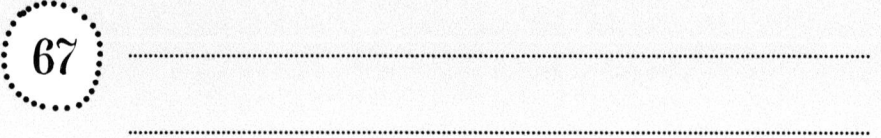

67

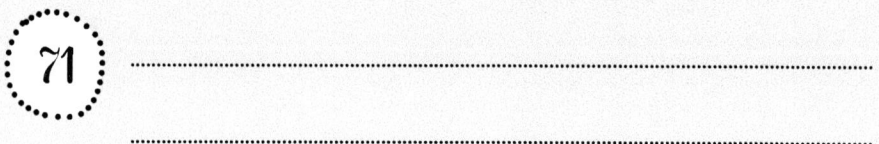

73

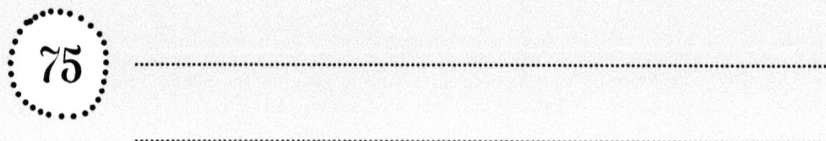

79

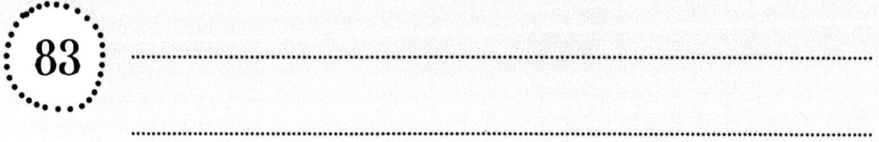

83

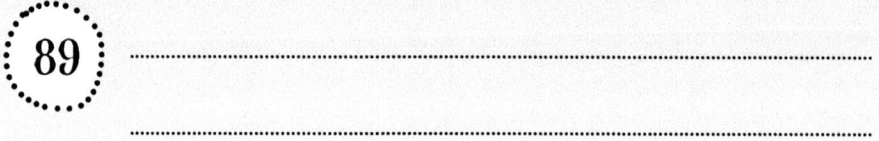

89

93

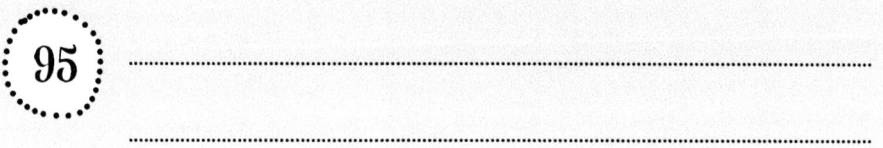

95

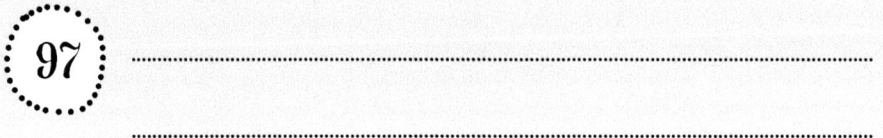

97

99

Herstellung und Verlag:
BoD – Books on Demand, Norderstedt

ISBN: 978-3-7386-5382-3

IMPRESSUM

Bei Fragen & Anregungen:
feedback@mertens-publication.de

1. Auflage
2018 Mertens Verlagsgruppe
Mertens Ventures Ltd.
Tefkrou Anthia No 2 Office 301
6045 Larnaca
Zypern
E-Mail: kontakt@mertens-publication.de